YUMMY!!!
NOODLES
SODA POP!

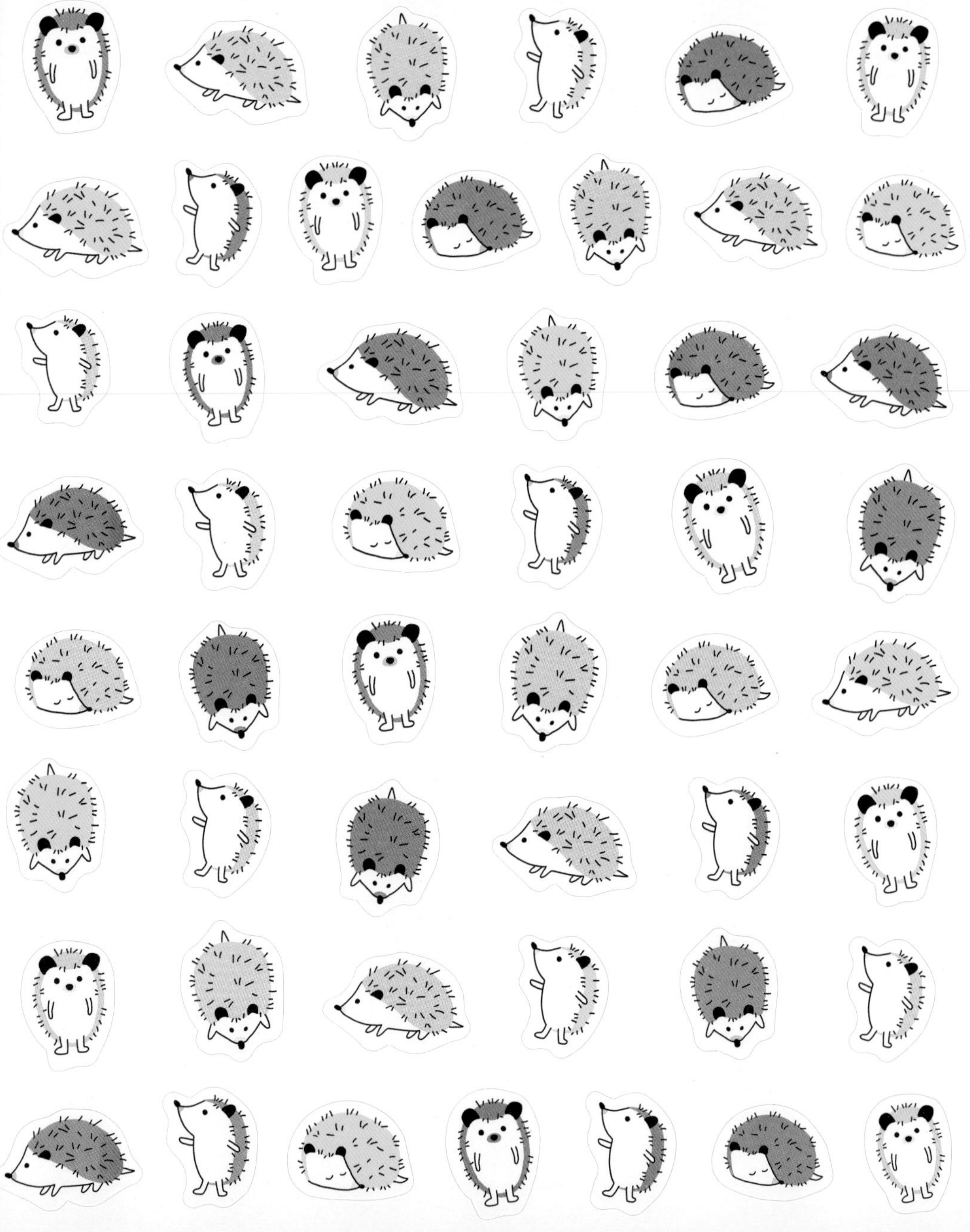

DANCE
DANCE♥
DANCE
DANCE♥
DANCE
DANCE
DANCE♥
DANCE
DANCE♥
DANCE
DANCE♥
DANCE
DANCE♥
DANCE♥
DANCE
DANCE
DANCE♥

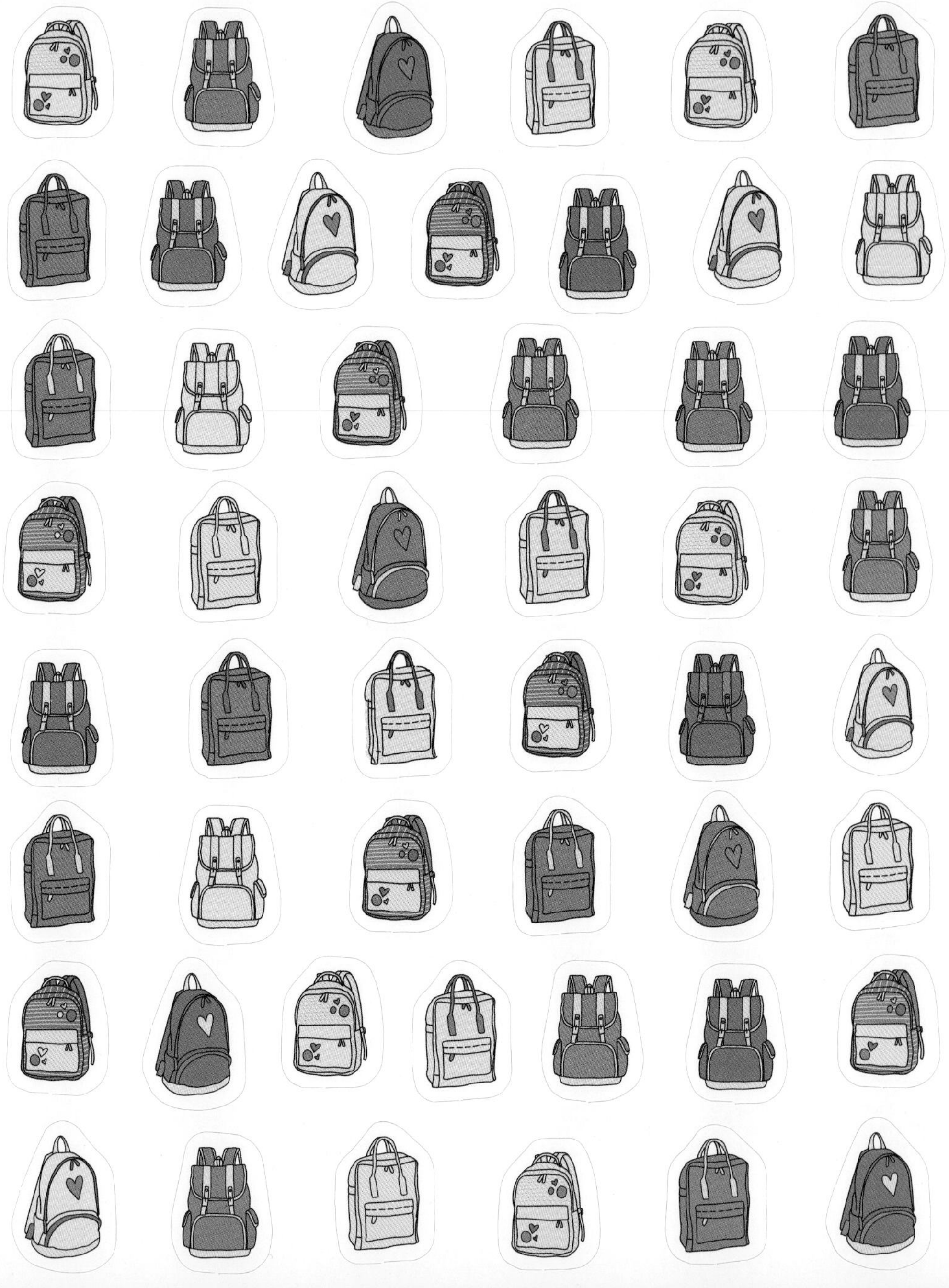

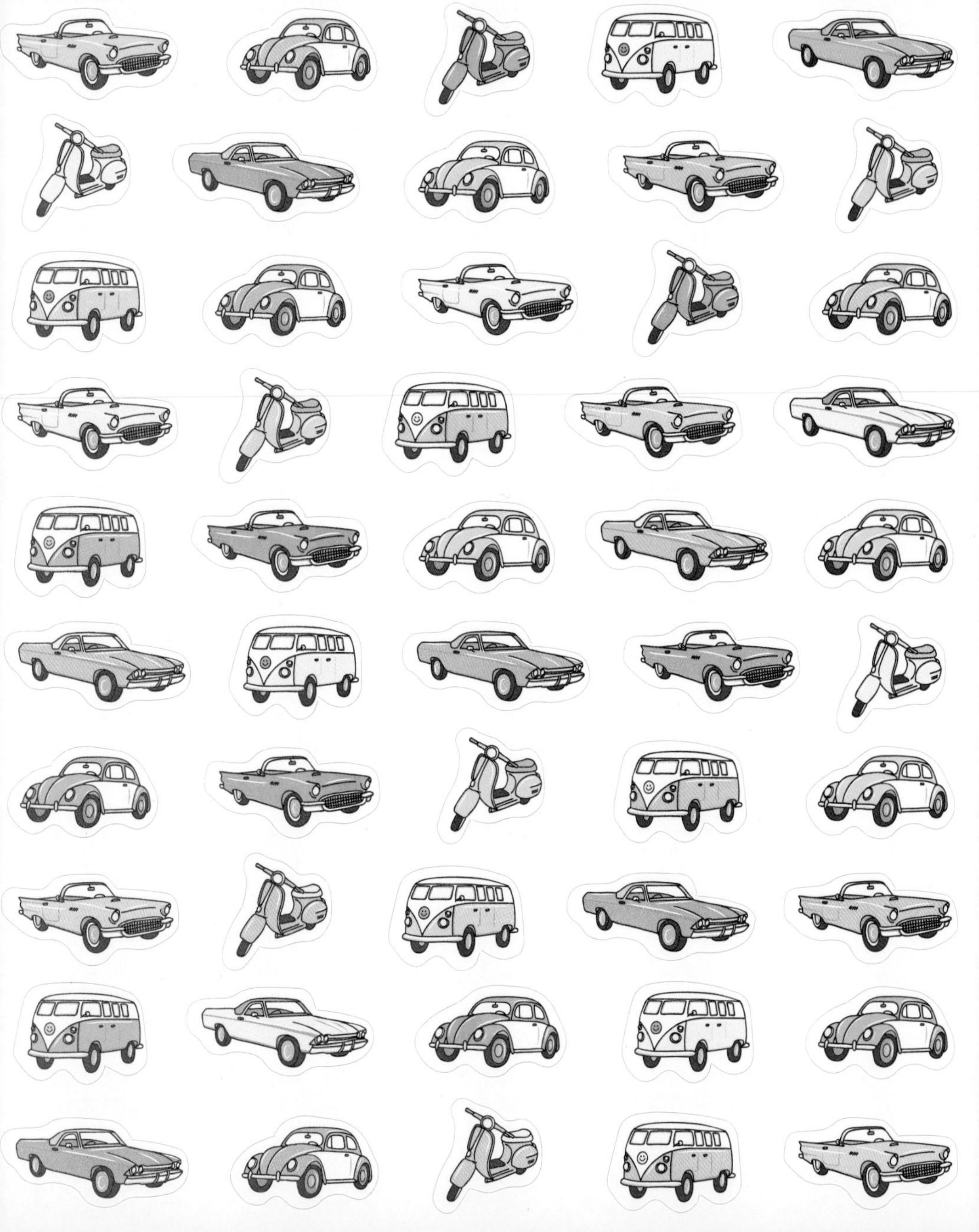

YES
NO
DID IT
FUN
MEH
OK
NAH
OK
LOVE
OVER IT
YES
LOVE
YES
FUN
NAH
MEH
DID IT
OK
OVER IT
NO
OK
FUN
YES
NO
DID IT
YES
MEH
OK
OVER IT
NAH
OK
LOVE
YES
FUN
YES
LOVE
YES
MEH
DID IT
NAH
OK
OVER IT
LOVE
NO
YES
NO
DID IT
MEH
FUN
OK

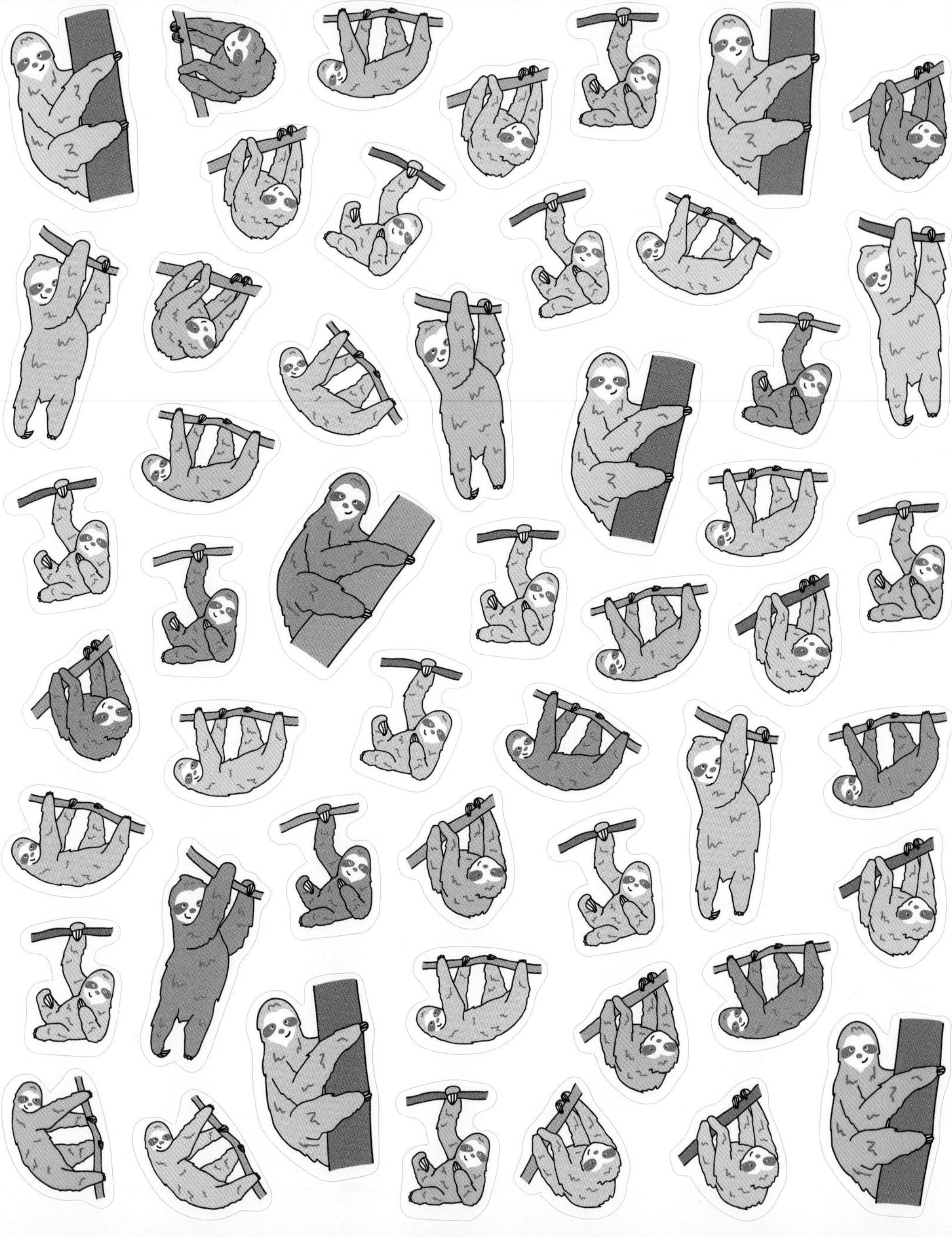

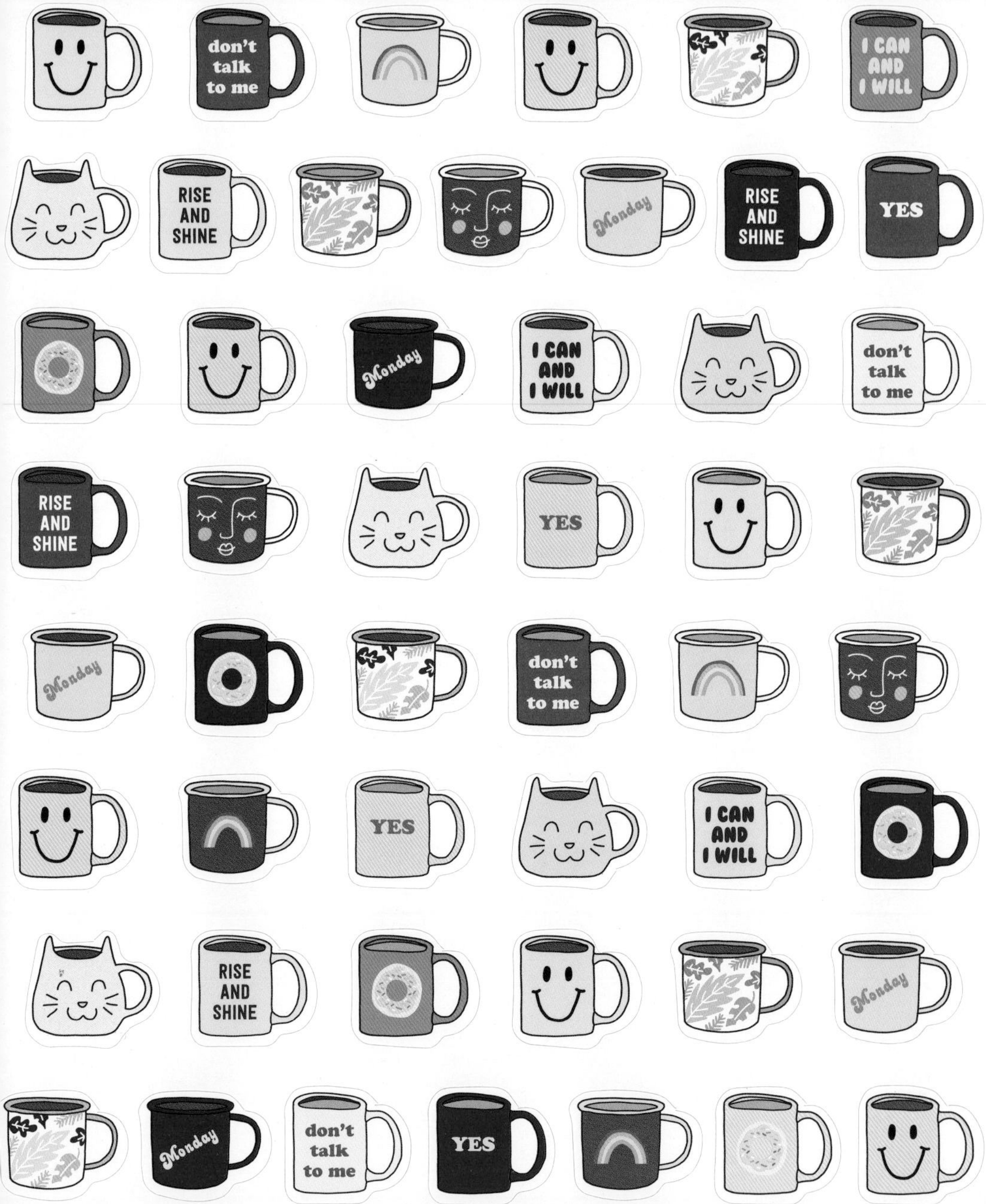
don't talk to me
I CAN AND I WILL
RISE AND SHINE
Monday
RISE AND SHINE
YES
Monday
I CAN AND I WILL
don't talk to me
RISE AND SHINE
YES
Monday
don't talk to me
YES
I CAN AND I WILL
RISE AND SHINE
Monday
Monday
don't talk to me
YES

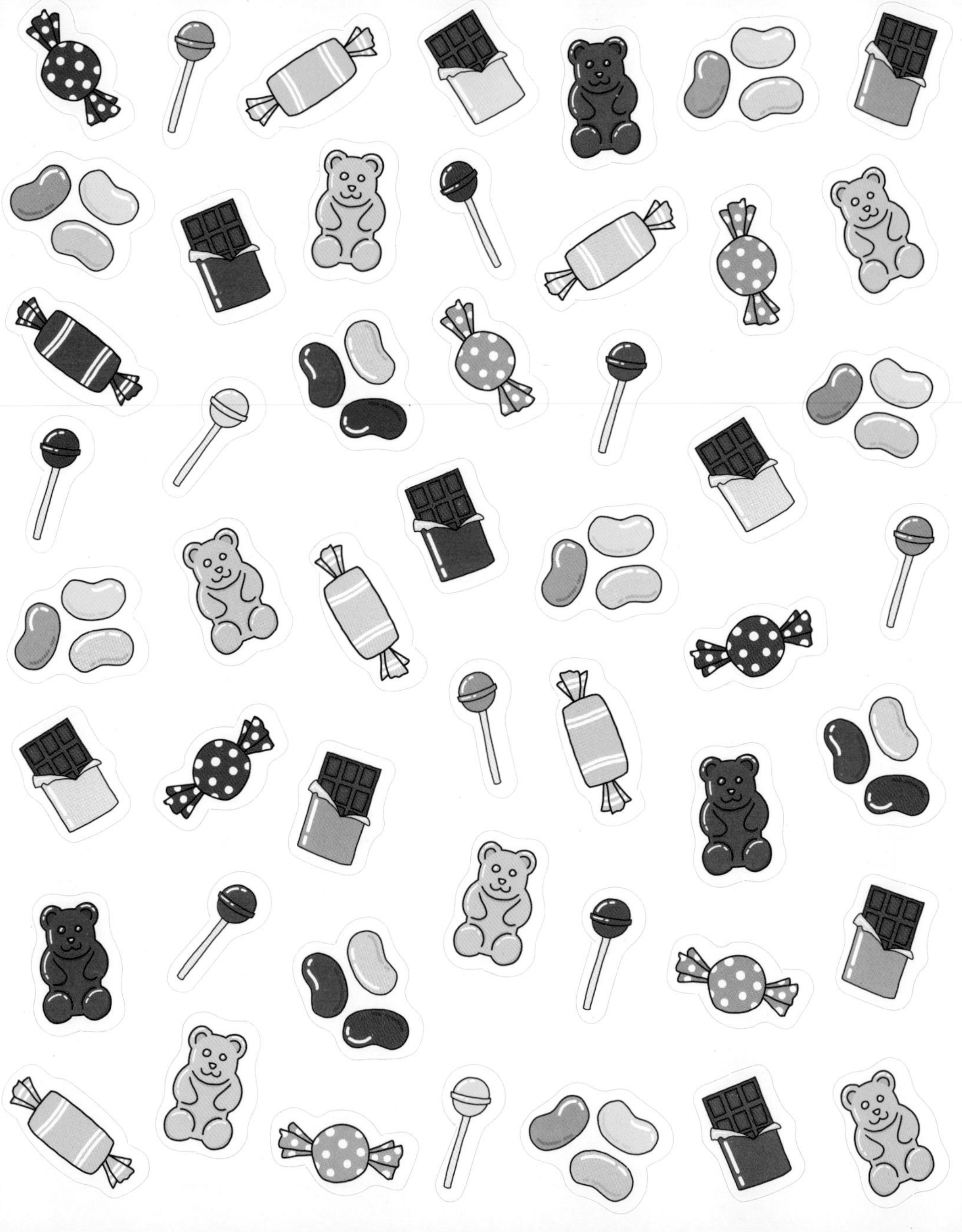

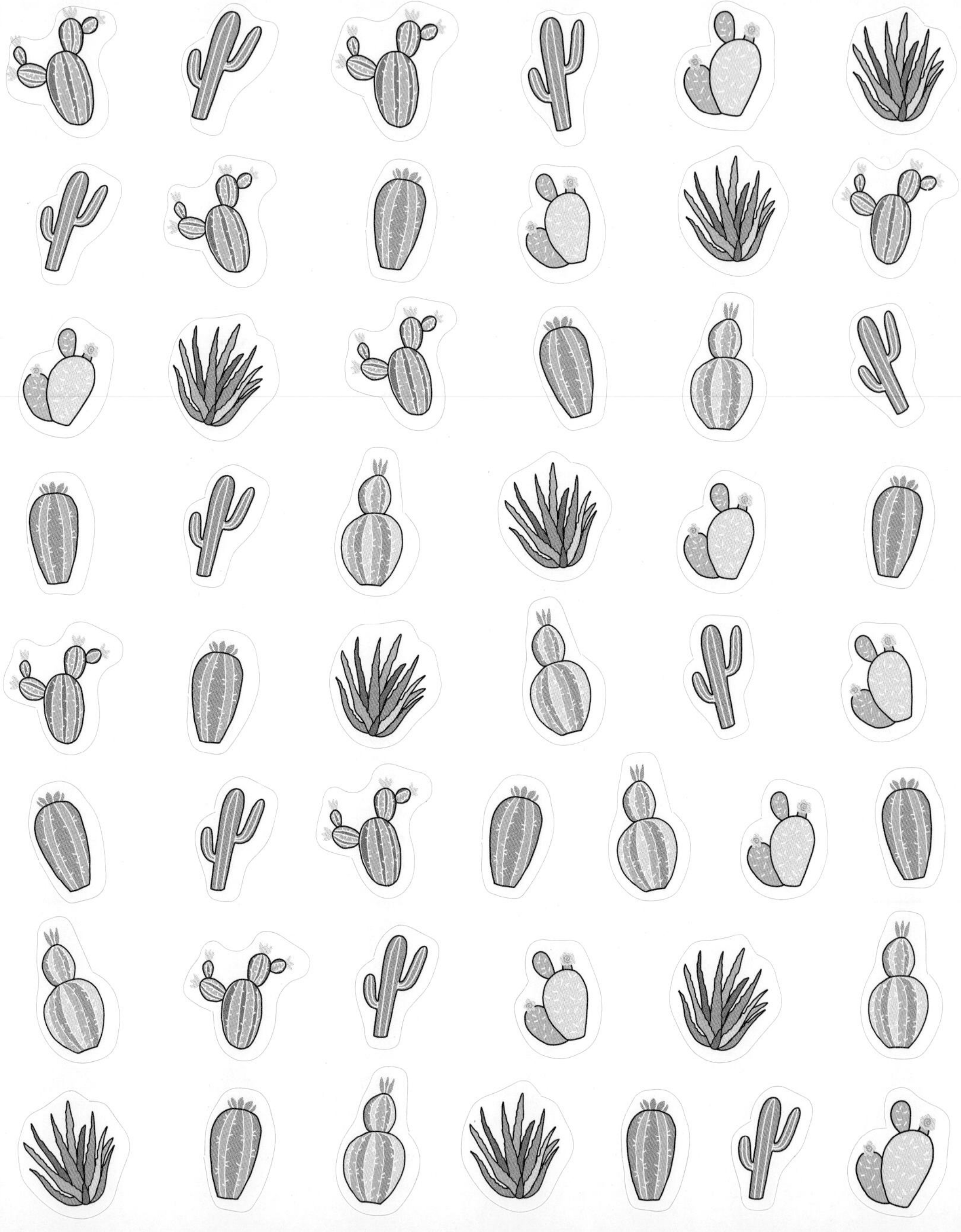

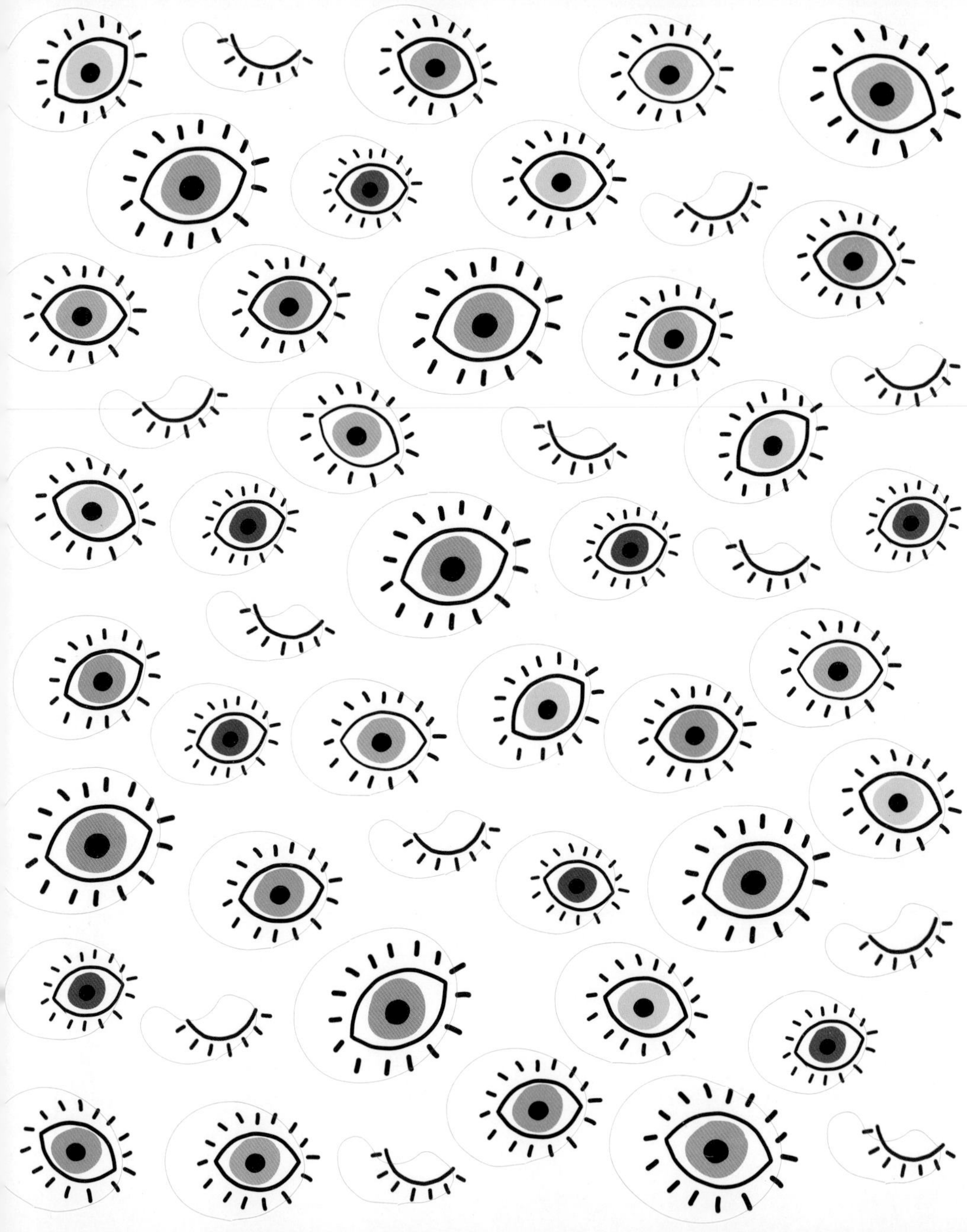

Refresh
Refresh
Refresh
Refresh
Refresh
Refresh
Refresh
Refresh
Refresh

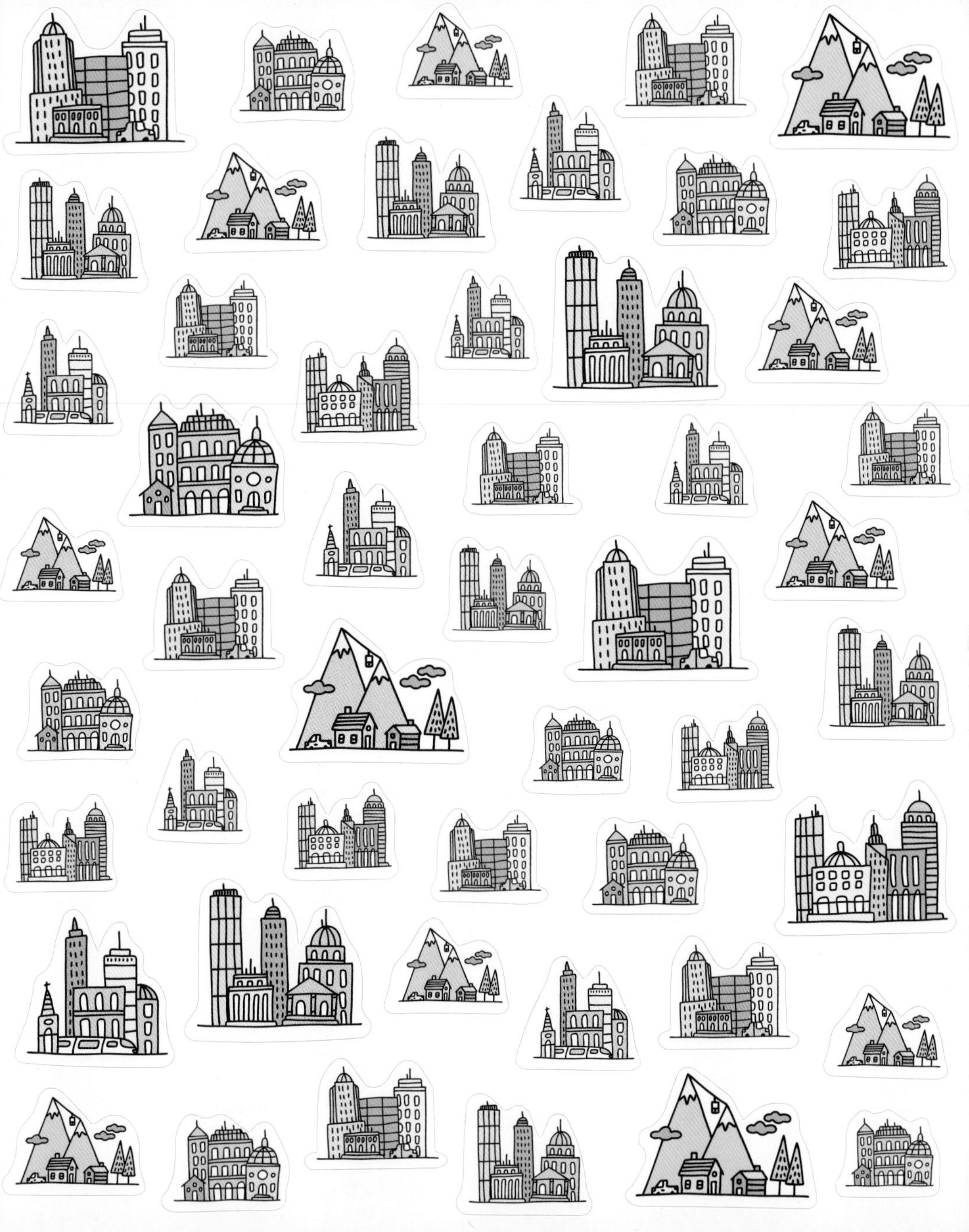

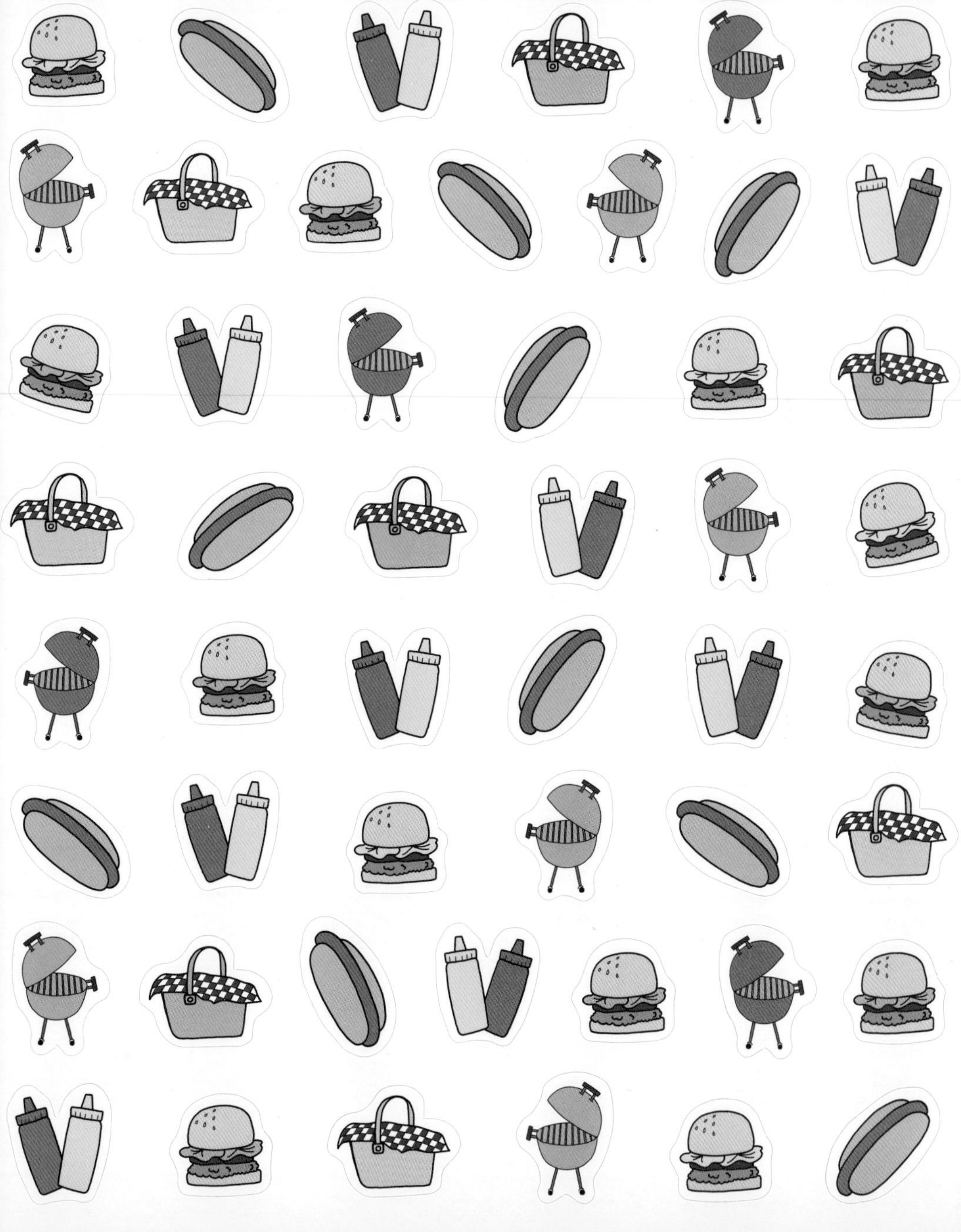

Just for you
Just for you
Just for you
Just for you
Just for you
Just for you
Just for you
Just for you
Just for you
Just for you
Just for you
Just for you

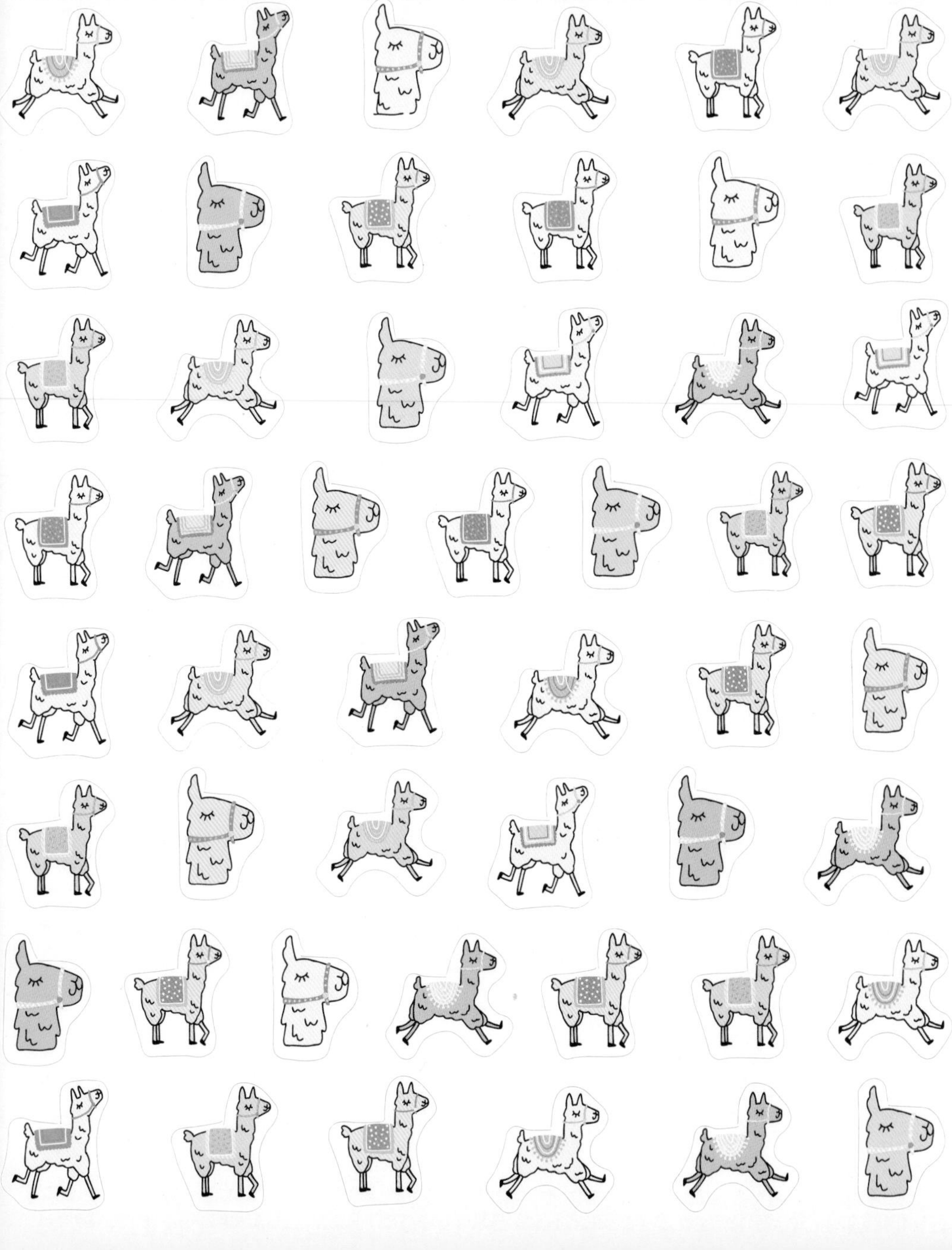

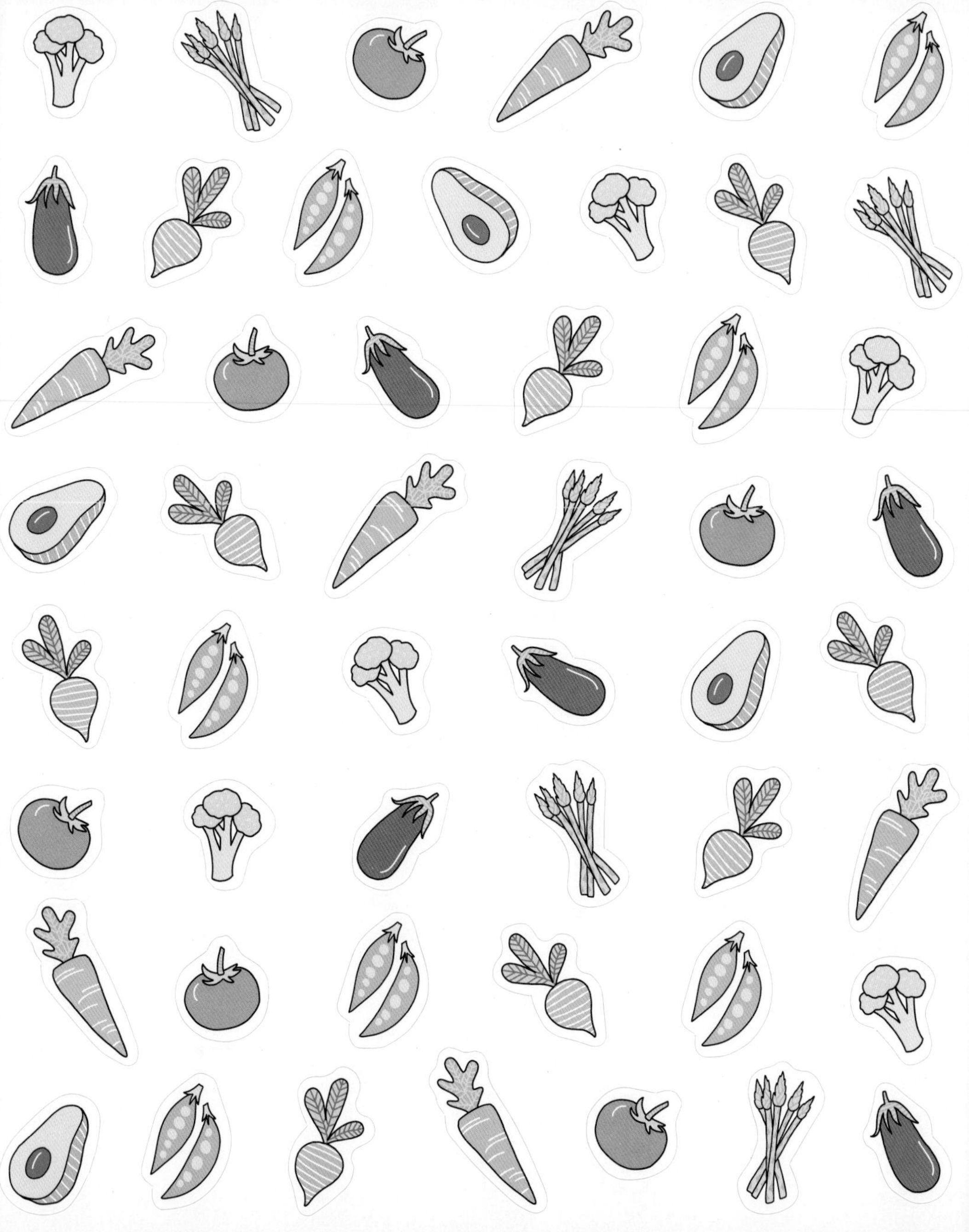

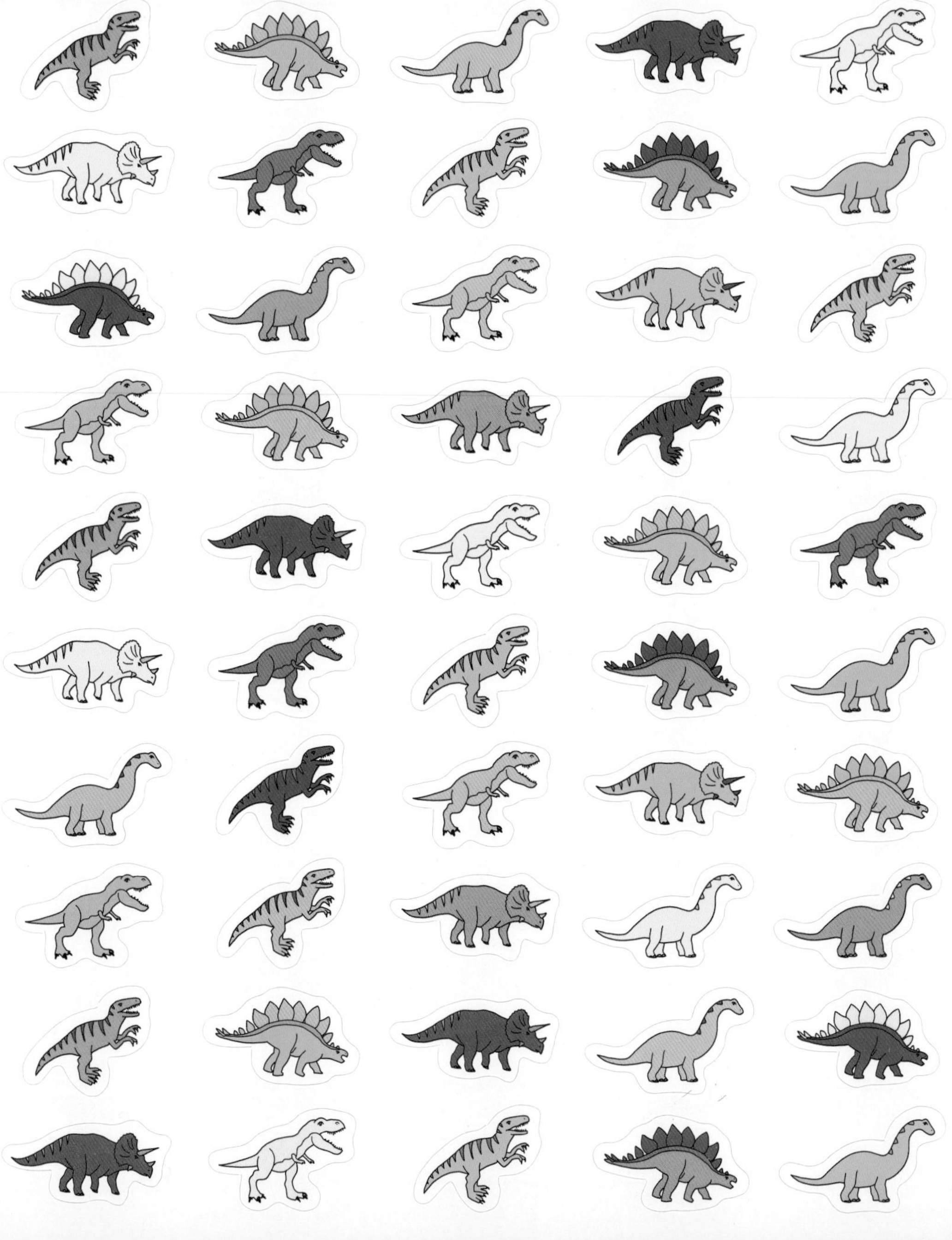

smile
smile
smile
smile
smile
smile
smile
smile
smile
smile
smile
smile
smile
smile
smile
smile